O Homem Ideal®

Dean e Merril Buckhorn

O Homem Ideal®

EDITORA RECORD
RIO DE JANEIRO • SÃO PAULO
2002

CIP-Brasil. Catalogação-na-fonte
Sindicato Nacional dos Editores de Livros, RJ.

B936h Buckhorn, Dean
       O homem ideal / Dean e Merril Buckhorn; tradução
       de E. Barreiros. – Rio de Janeiro: Record, 2002.
       principalmente il.;
       96p.

       Tradução: The perfect man
       ISBN 85-01-06542-0

       1. Relações homem-mulher – Obras ilustradas.
       Buckhorn, Merril. II. Título.

                                CDD – 306.7
02-1123   CDU – 392.6

Título original norte-americano
THE PERFECT MAN

Copyright © 2002 by bCreative, Inc. (www.bCreative.com)

Todos os direitos reservados. Proibida a reprodução, no todo ou em parte, através de quaisquer meios.

Direitos exclusivos de publicação em língua portuguesa para o Brasil adquiridos pela
DISTRIBUIDORA RECORD DE SERVIÇOS DE IMPRENSA S.A.
Rua Argentina 171 – Rio de Janeiro, RJ – 20921-380 – Tel.: 2585-2000
que se reserva a propriedade literária desta tradução

Impresso no Brasil

ISBN 85-01-06542-0

PEDIDOS PELO REEMBOLSO POSTAL
Caixa Postal 23.052
Rio de Janeiro, RJ – 20922-970

EDITORA AFILIADA

O Homem Ideal®

O Homem Ideal.

(Ele é alto. Vive sorrindo. E está sempre disposto a ajudar a varrer a casa.)

O Homem Ideal.

(Ele é bonitinho.
É diferente dos outros caras.
E todas as suas ex-namoradas
estão a um bilhão de
quilômetros de distância.)

O Homem Ideal.

(Ele é forte.
Não tem complicações.
E sabe a maneira perfeita
de encerrar um dia difícil.)

O Homem Ideal.

**(Ele é doce. É gostoso.
E adora ser mordido por você.)**

O Homem Ideal.

(Ele é lindo. É peludo. E se aprontar, você pode bater nele à vontade que não vai machucá-lo.)

O Homem Ideal.

(Ele é jovem. É fofo.
E onde quer que você esteja,
ele nunca tira os olhos de você.)

O Homem Ideal.

(Ele é rico. É forte.
E é realmente capaz
de se alimentar sozinho.)

O Homem Ideal.

(Ele é bonitinho. É divertido. E sempre
deixa você controlá-lo.)

O Homem Ideal.

(Ele é quieto. É doce.
E se vocês brigarem,
é ele quem vai acabar em pedacinhos.)

O Homem Ideal.

**(Ele é jovem. É fofo.
E sempre volta engatinhando
para você.)**

O Homem Ideal.

**(Ele é quieto. É muito fácil de agradar.
E você sempre sabe
exatamente onde ele está.)**

O Homem Ideal.

(Ele é forte. É másculo.
E adora receber
ordens suas.)

O Homem Ideal.

(Ele é chique. É talentoso.
E está sempre
pronto para botar a mão na massa.)

O Homem Ideal.

(Ele é romântico. É bonitinho.
E nunca vai arrastar a asa
para ninguém, além de você.)

O Homem Ideal.

(Ele é simpático. É alegre.
E não importa o que você diga,
ele vai sempre concordar.)

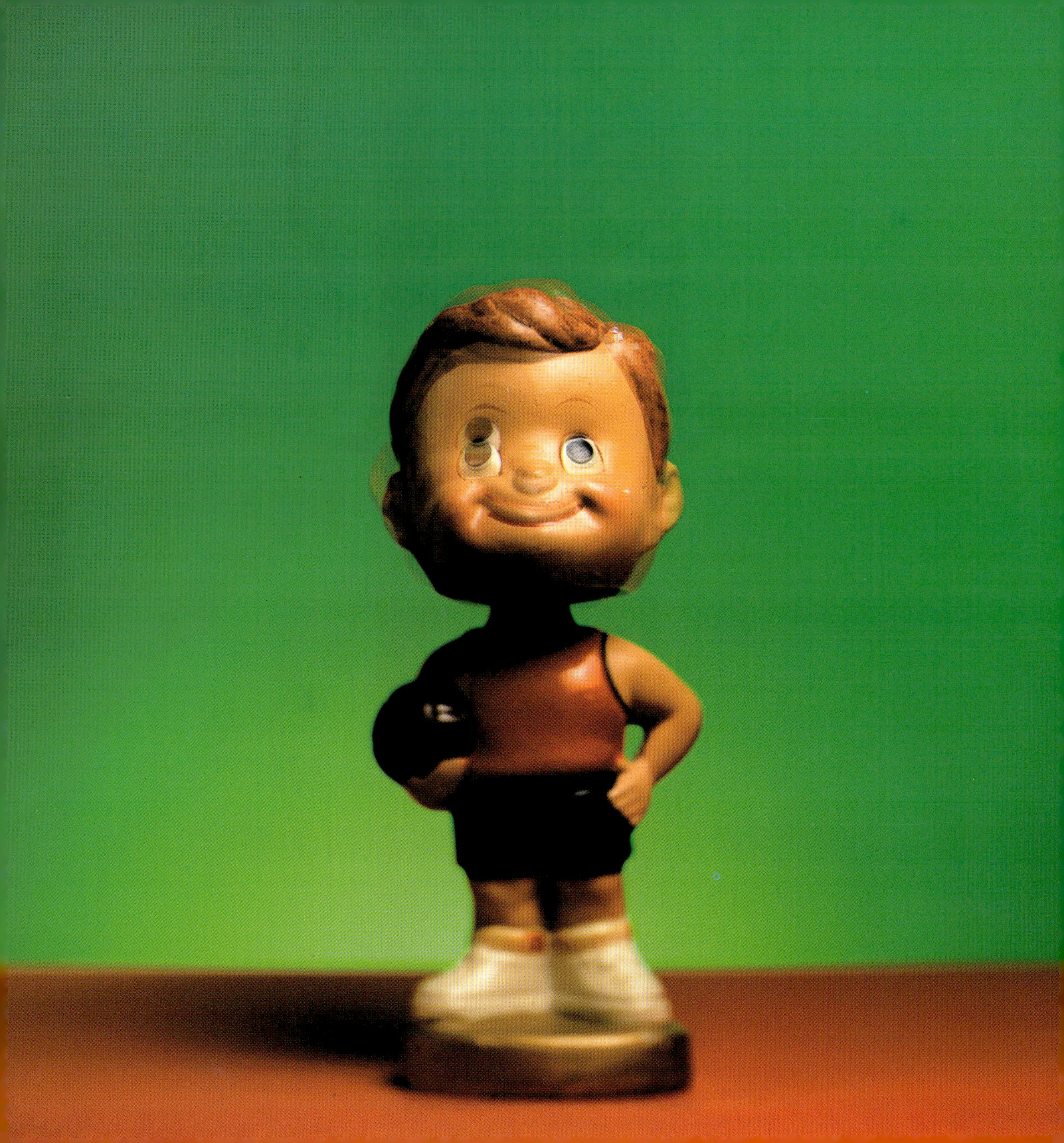

O Homem Ideal.

**(Ele é doce. É simples.
E vai realmente acreditar
em tudo o que você contar a ele.)**

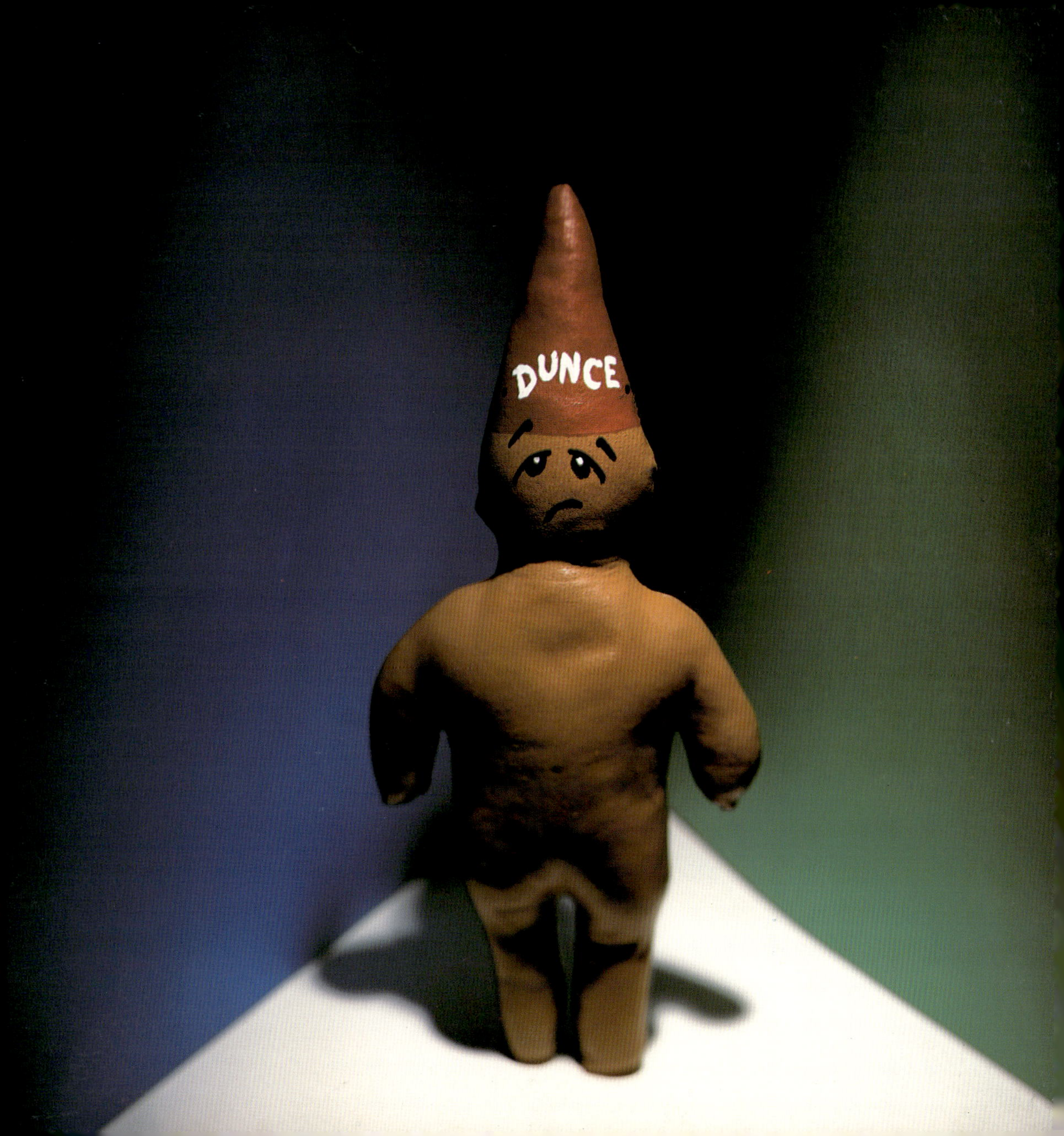
DUNCE

O Homem Ideal.

(Ele é bonito. É talentoso. E você sempre sabe quem é que usa calças em casa.)

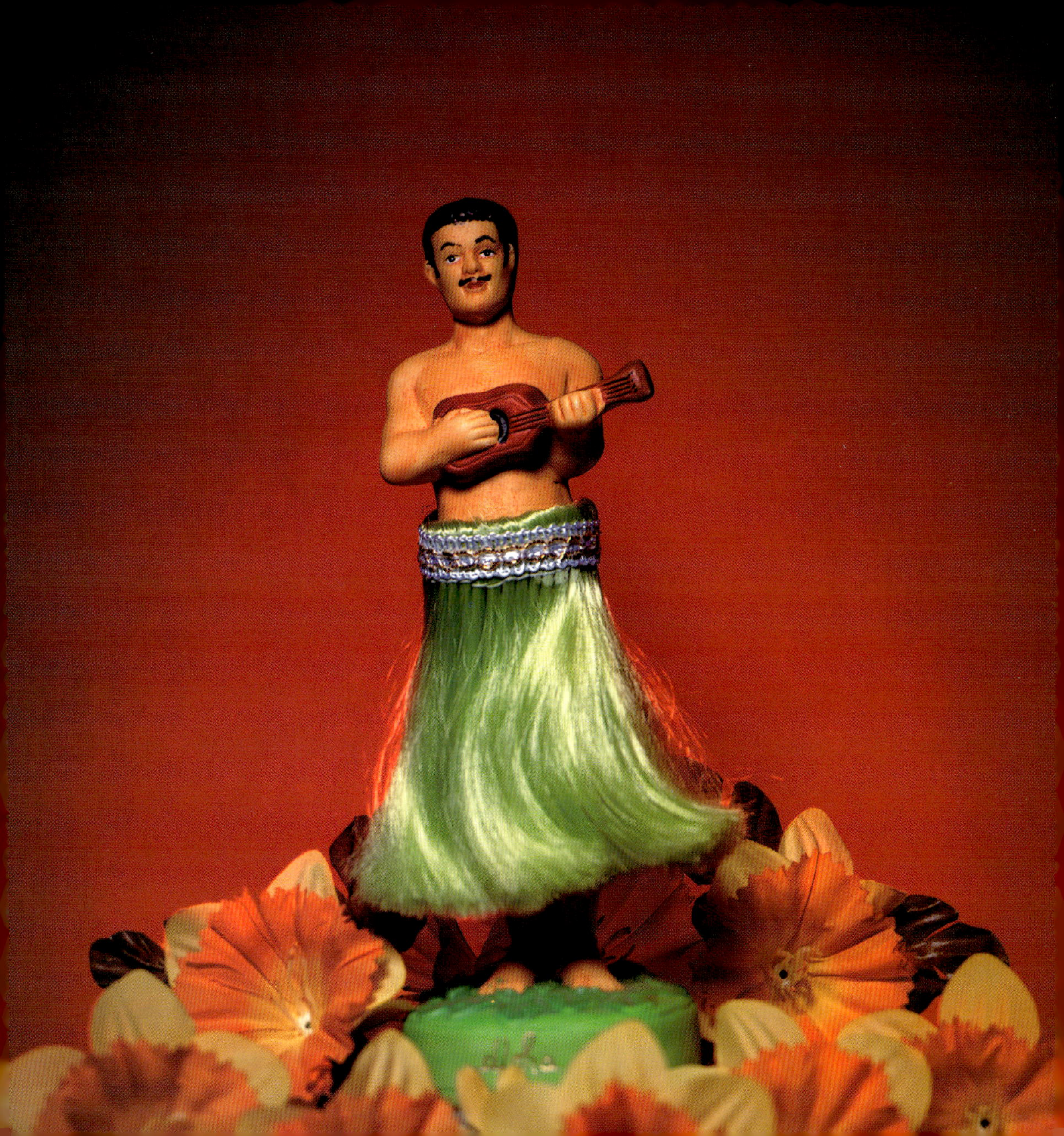

O Homem Ideal.

(Ele é quieto. É cheio de mistérios.
E não sabe mentir, pois é um cara
absolutamente transparente.)

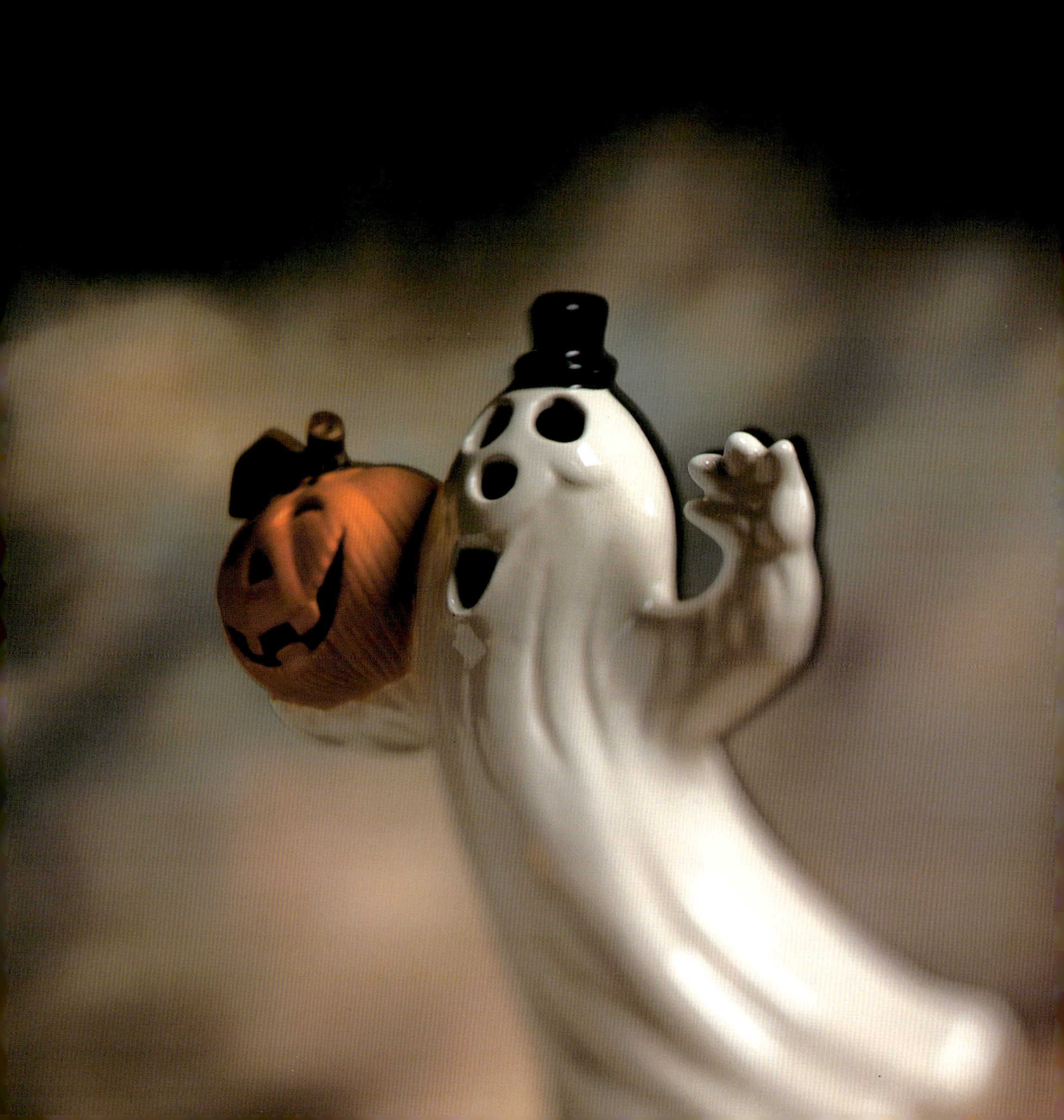

O Homem Ideal.

(Ele é alto. É magro.
E não tem medo de
se enforcar com você.)

HELP

O Homem Ideal.

(Ele é doce. Tem dinheiro.
E conhece bem
o gosto das mulheres.)

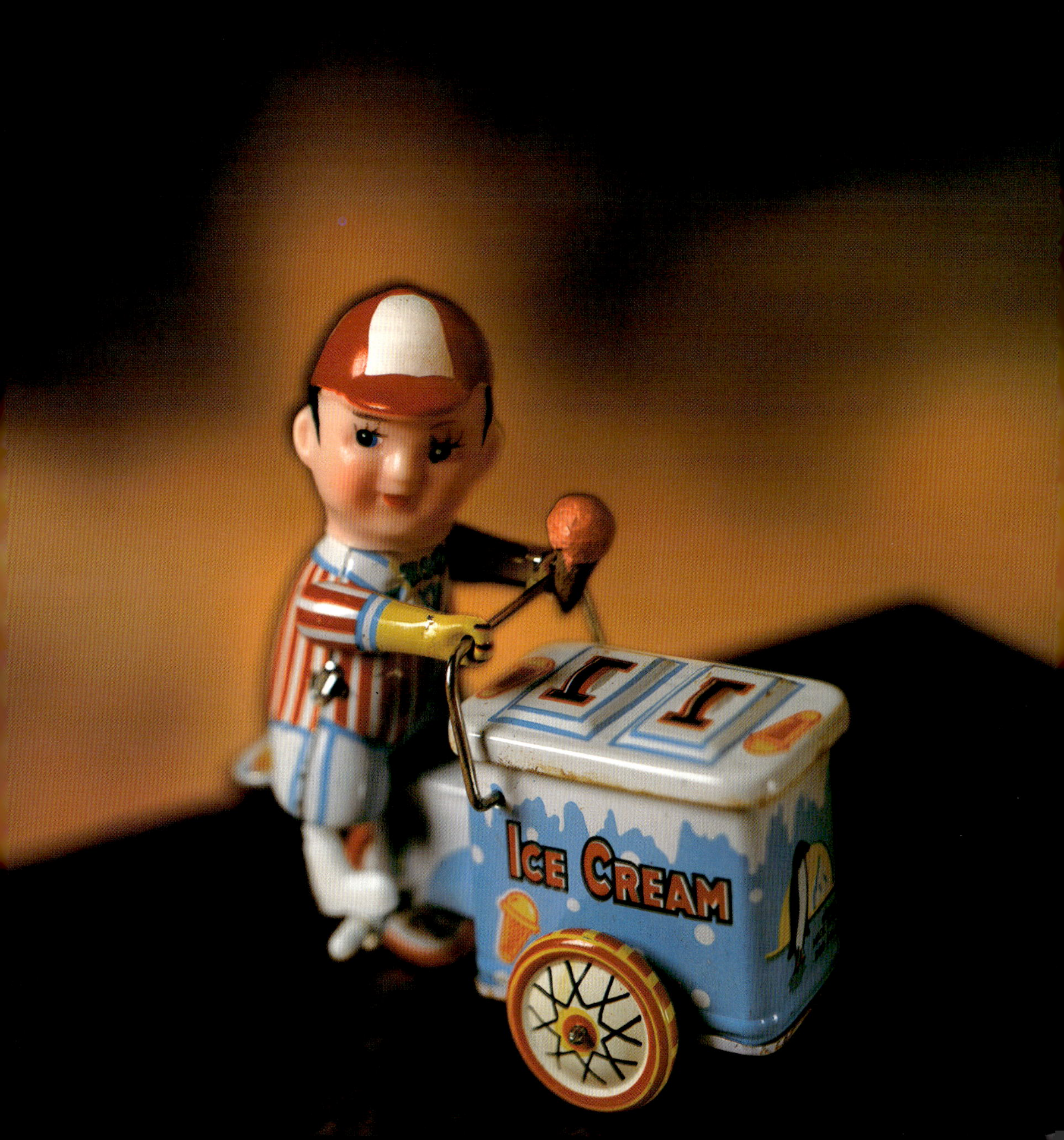
ICE CREAM

O Homem Ideal.

(Ele é equilibrado.
É muito simpático.
E nunca vai pular o muro.)

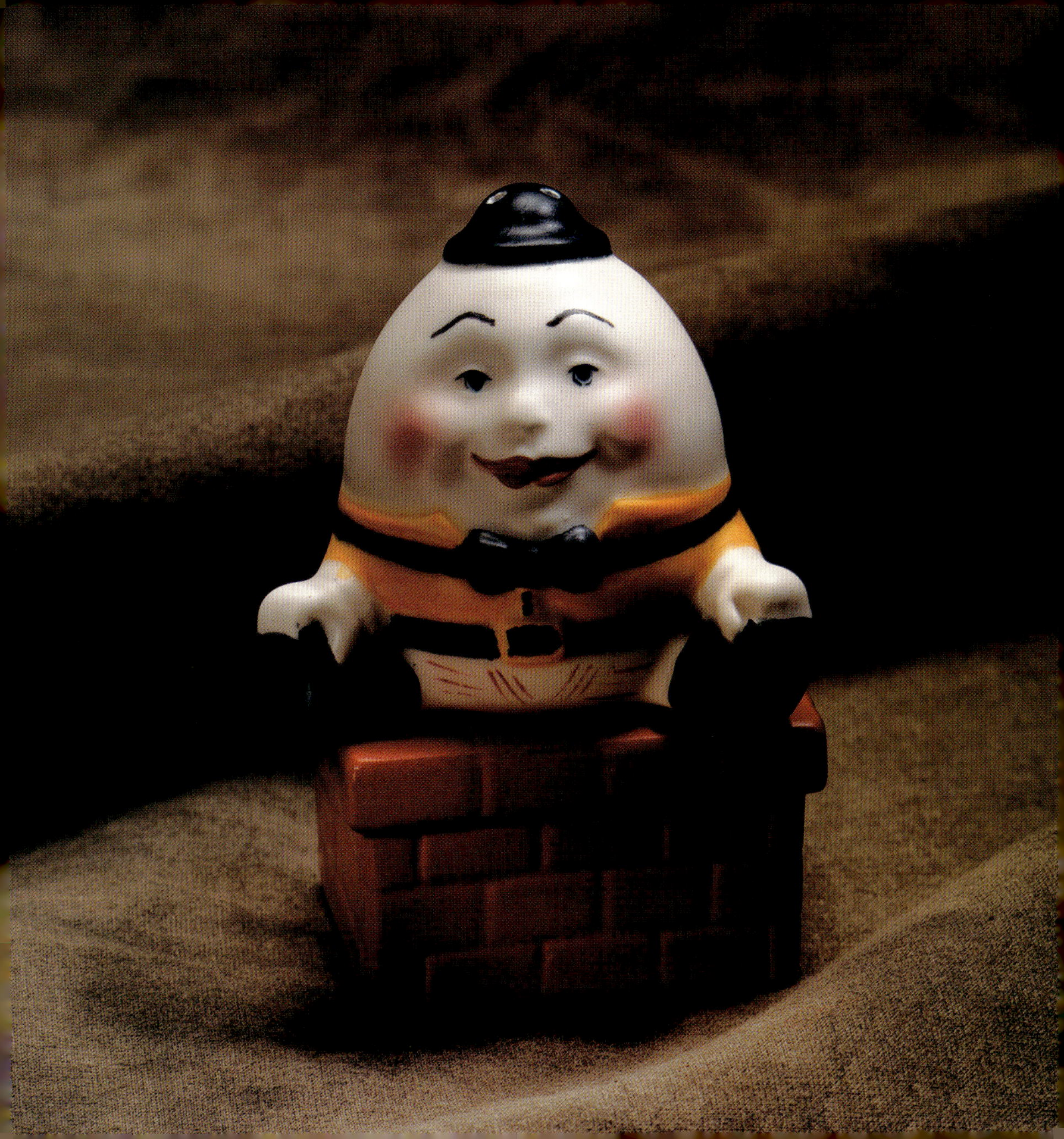

O Homem Ideal.

(Ele é atraente. É divertido.
E se o cabelo dele começar a cair,
é só colocá-lo de novo no lugar.)

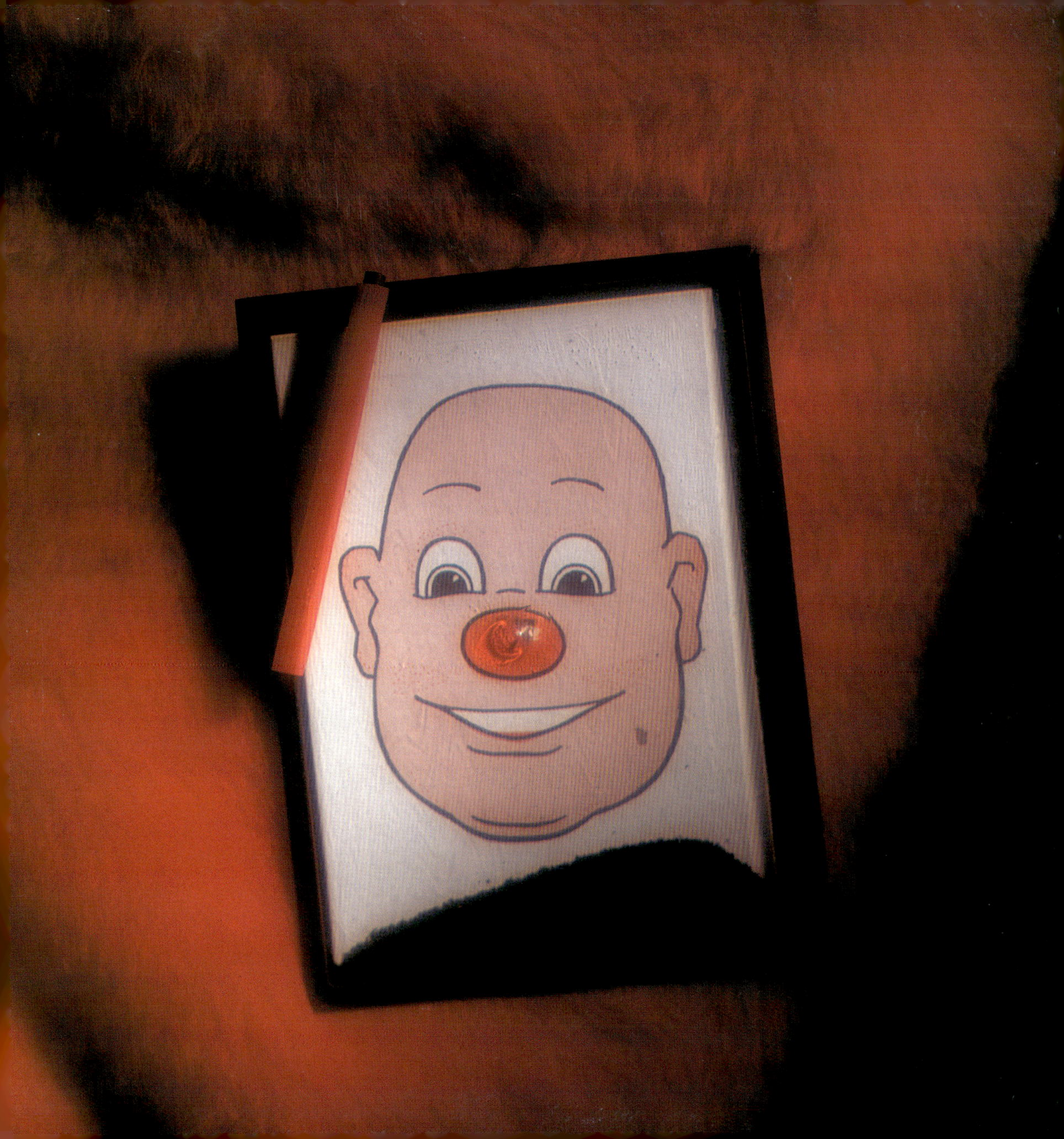

O Homem Ideal.

(Ele é romântico. É nobre.
E sua lança está sempre
pronta para a batalha.)

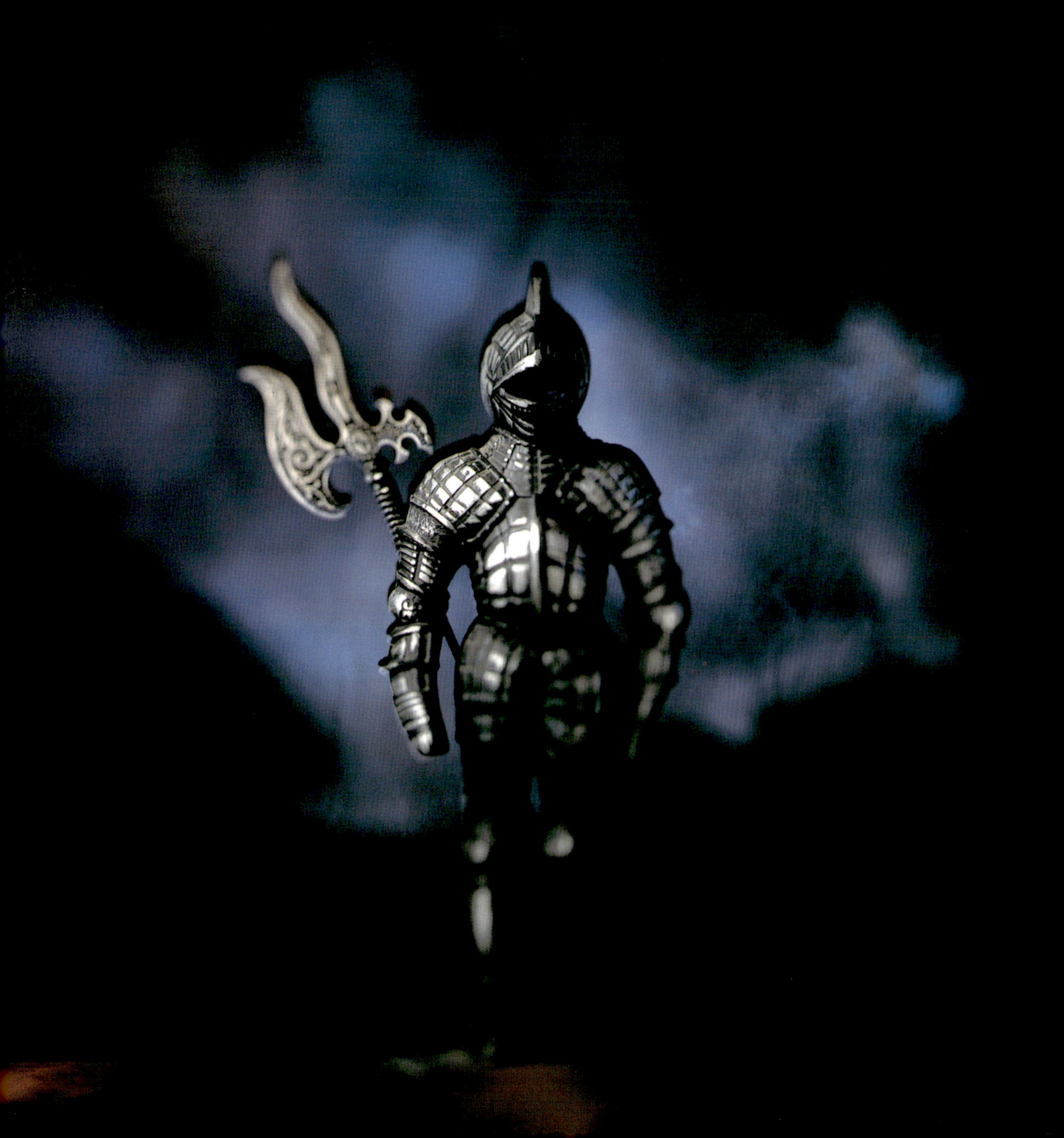

O Homem Ideal.

(Ele cozinha. Lava a louça. E quanto mais você comer, mais vai fazê-lo feliz.)

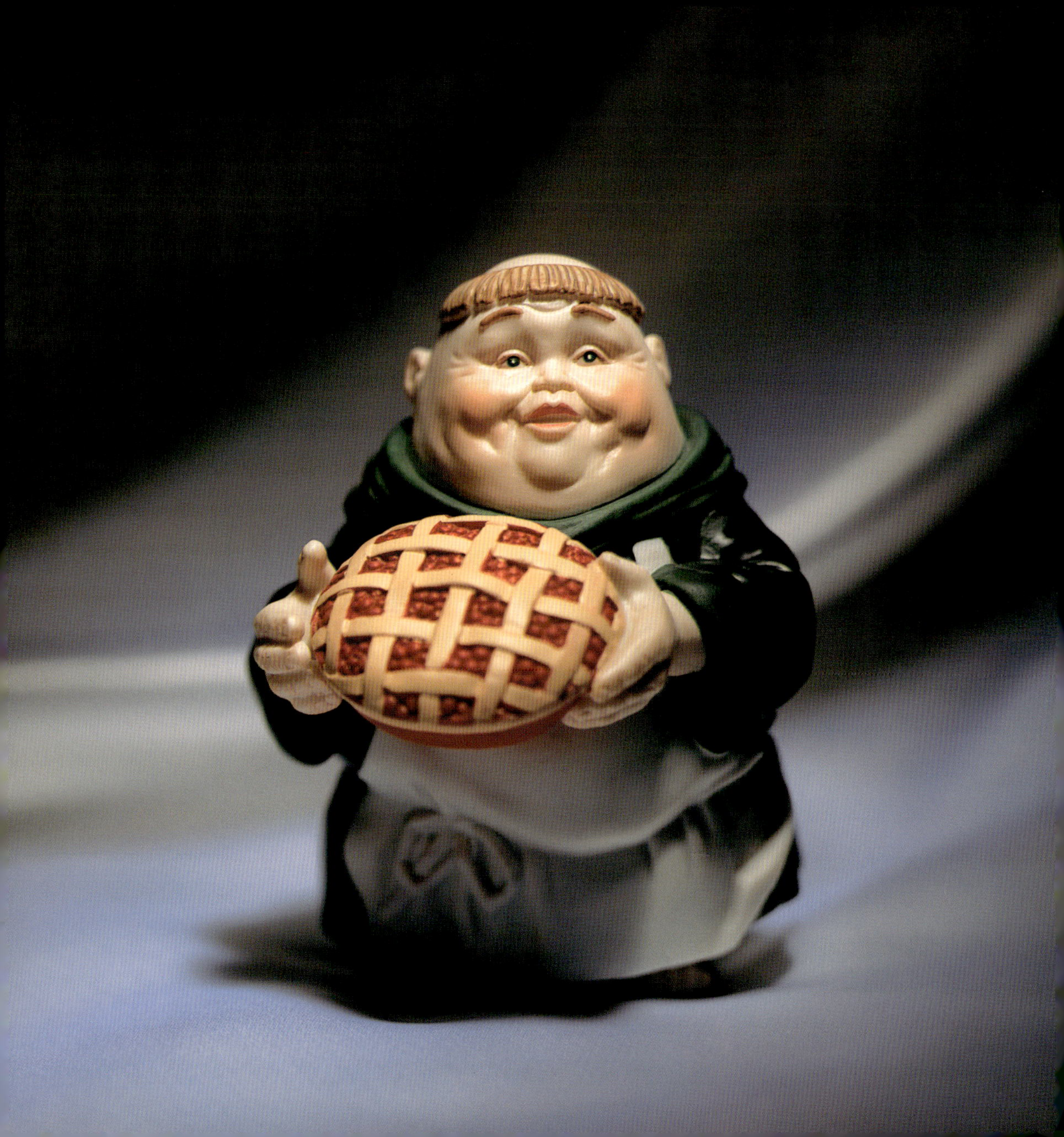

O Homem Ideal.

**(Ele é silencioso. É prestativo e útil.
E pelo menos metade do que sai
da boca dele é aproveitável.)**

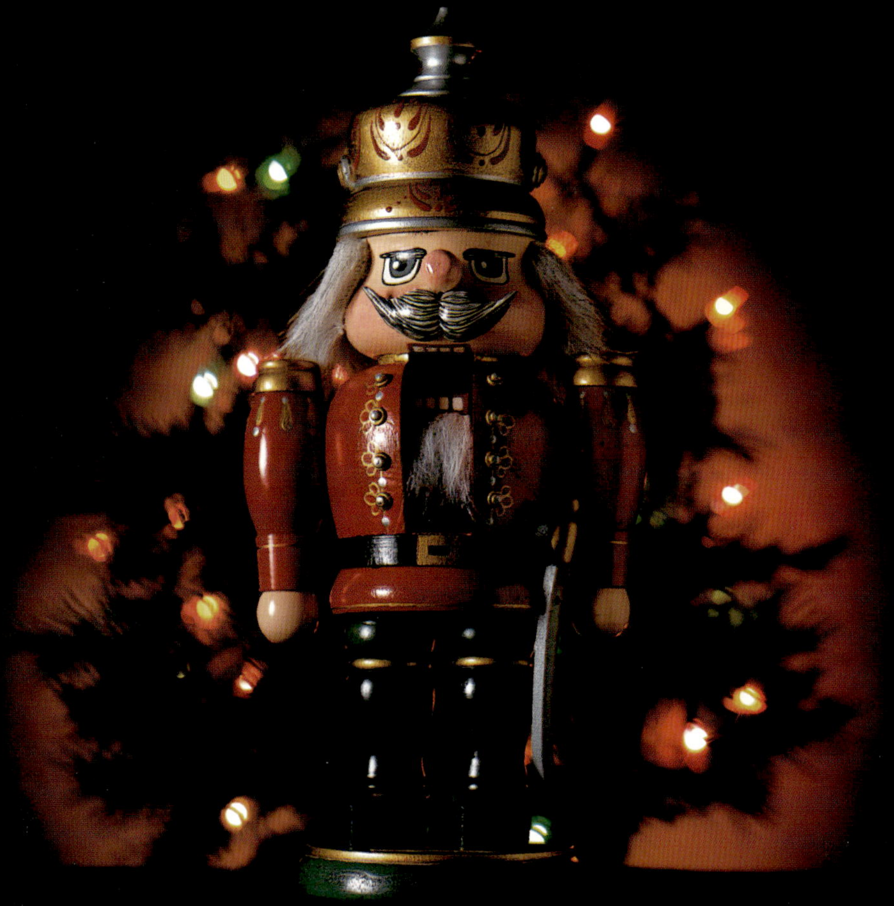

O Homem Ideal.

(Ele não fala de futebol. Não fala sobre carros. E, melhor de tudo, não fica falando dele mesmo.)

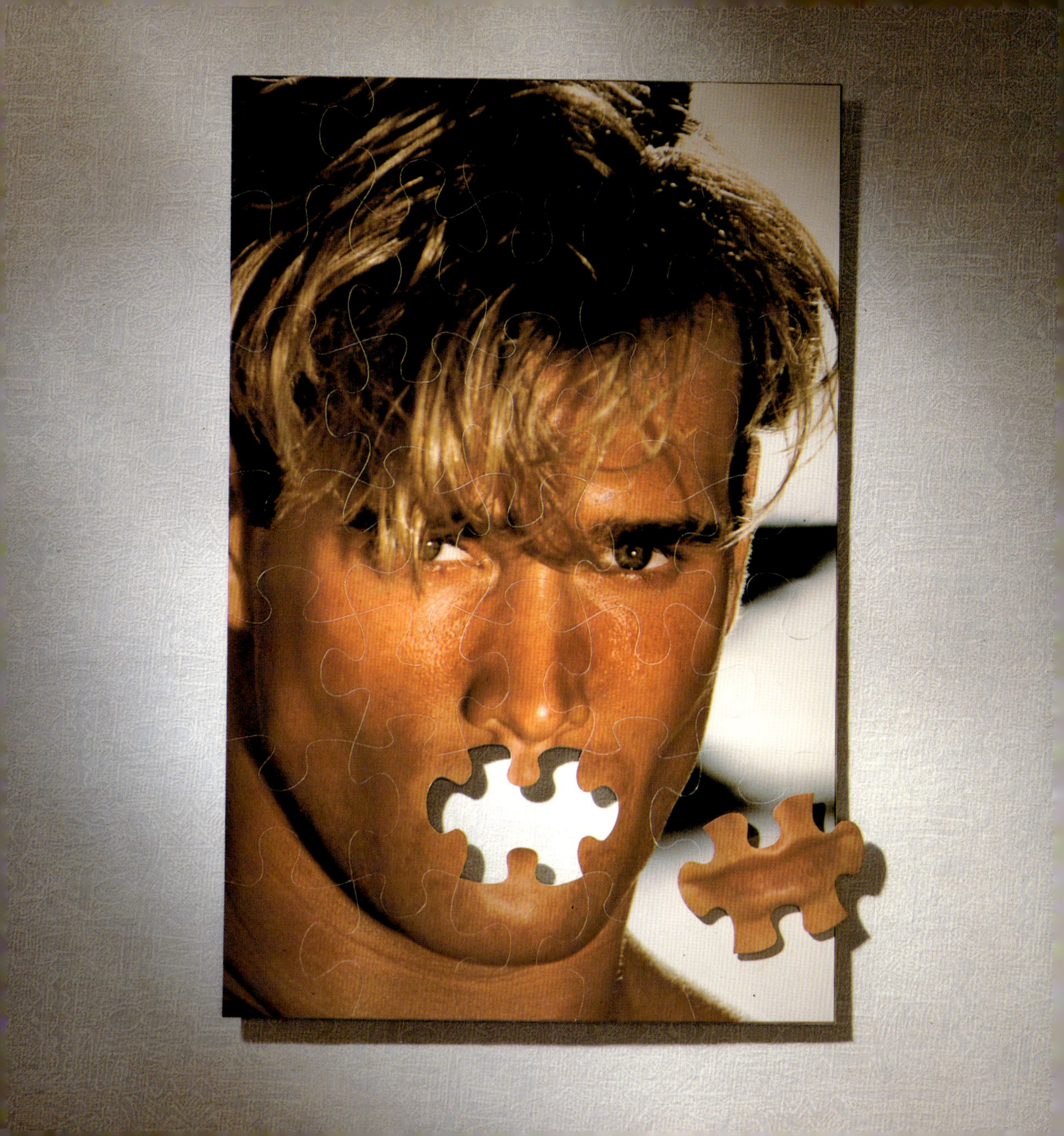

O Homem Ideal.

(Ele é bonitinho. Está sempre à mão.
E basta mover um dedinho
para fazê-lo se mexer.)

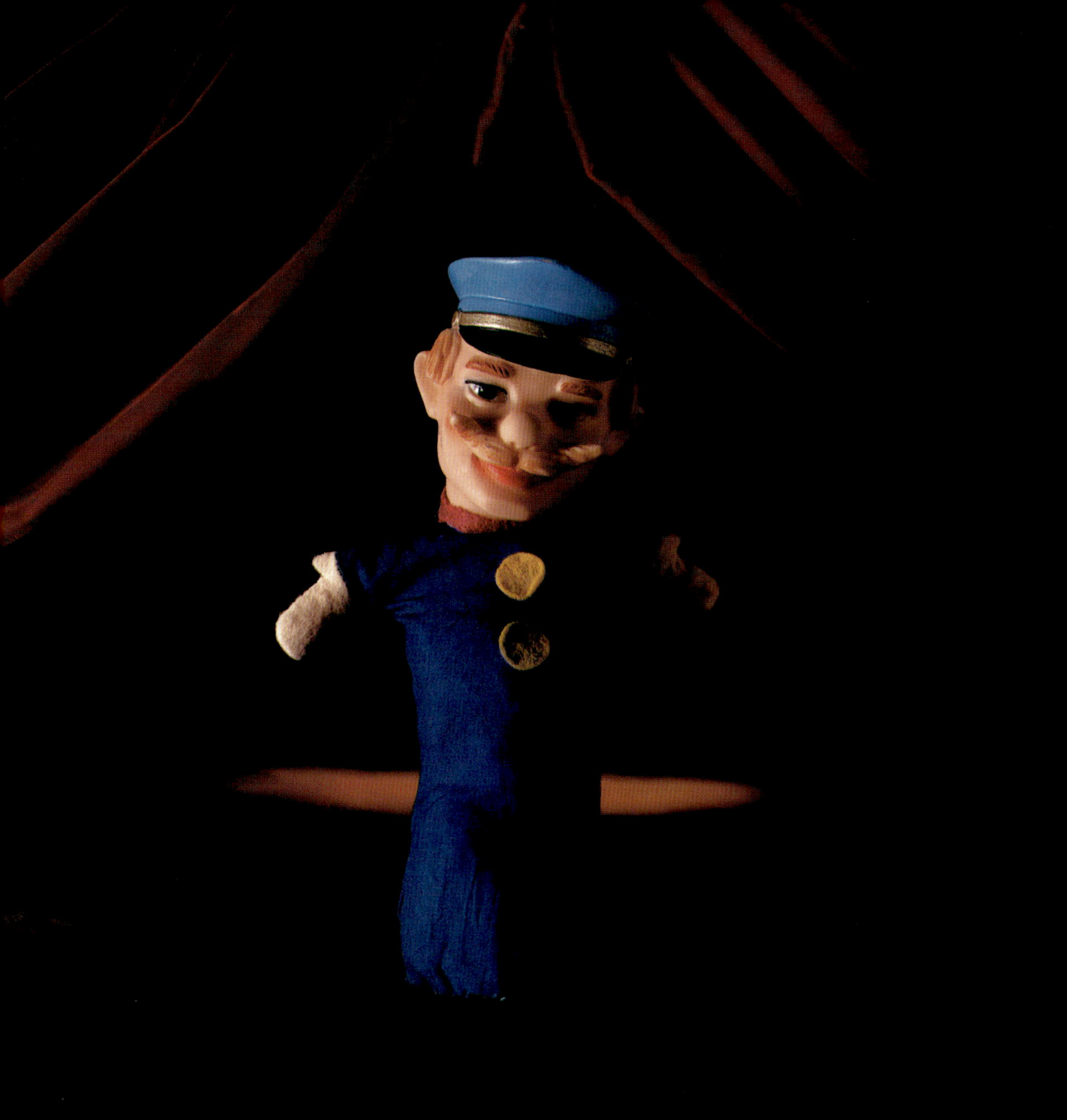

O Homem Ideal.

(Ele é fofo. É brincalhão.
E se começar a dar problemas,
você pode agarrá-lo pelo pescoço.)

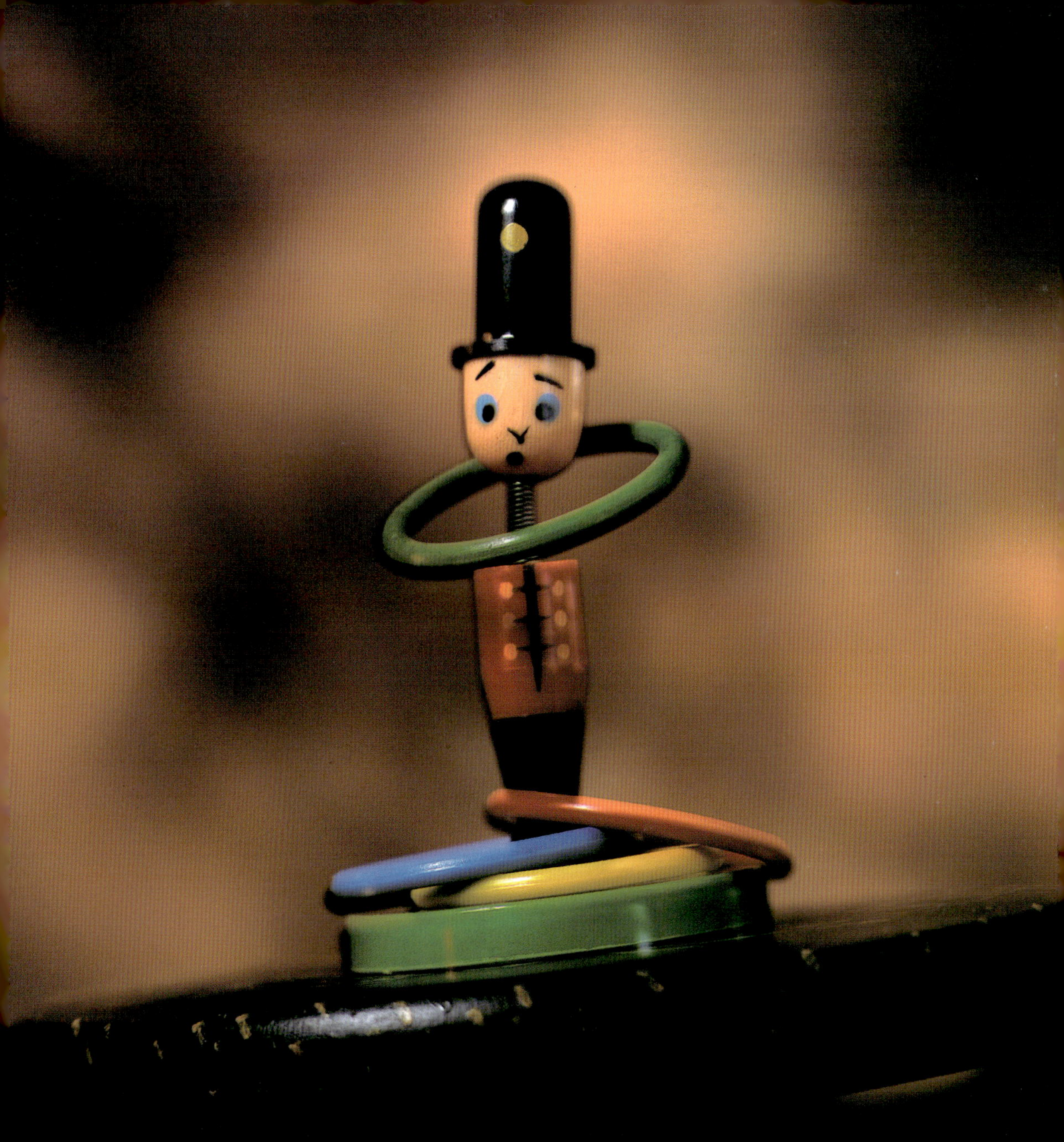

O Homem Ideal.

**(Ele é inteligente.
É sofisticado. E tem um botão
de ligar e desligar.)**

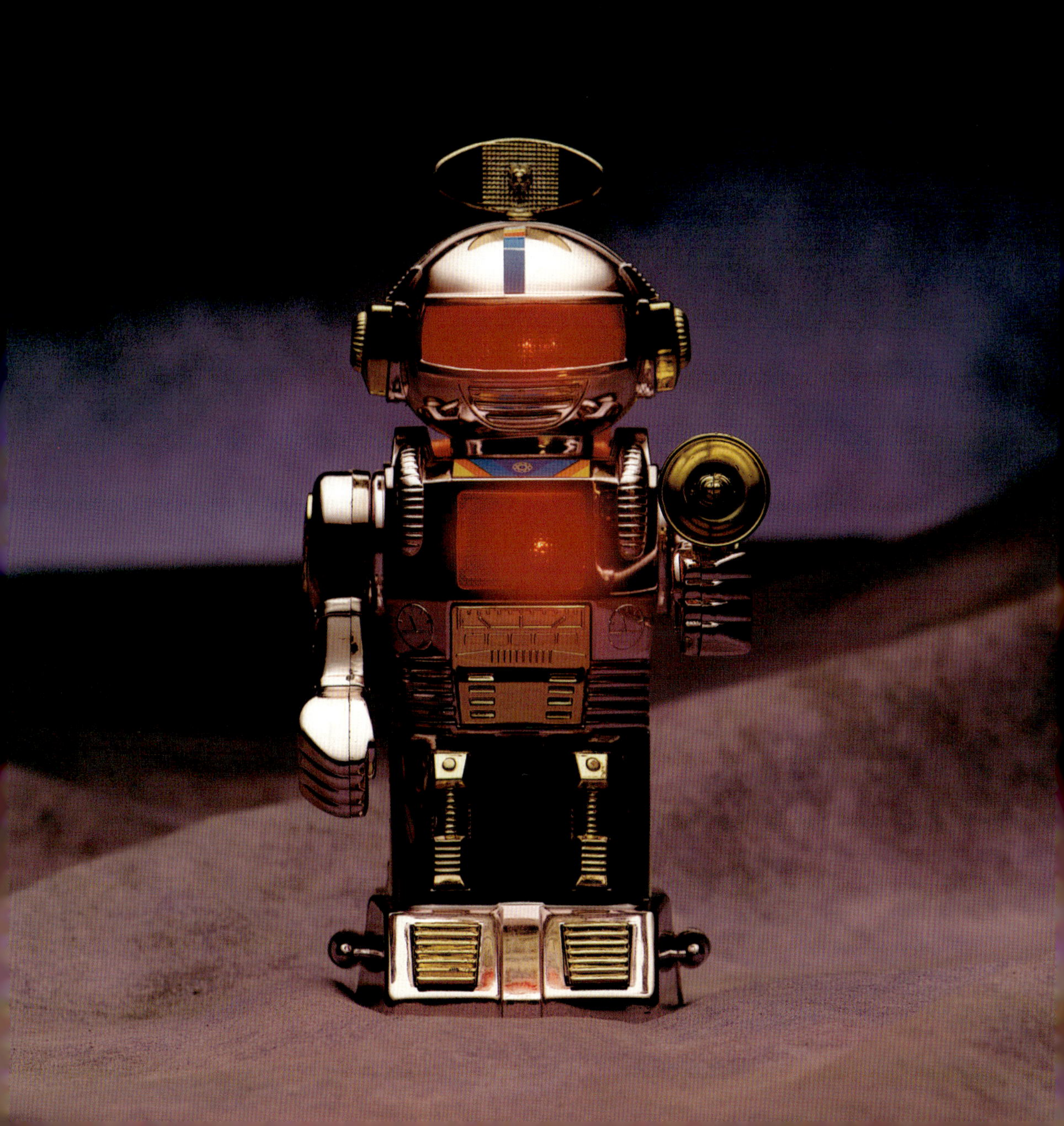

O Homem Ideal.

(Ele é simpático. É engraçado. E, aconteça o que acontecer, ele vai estar sempre de pé, do seu lado.)

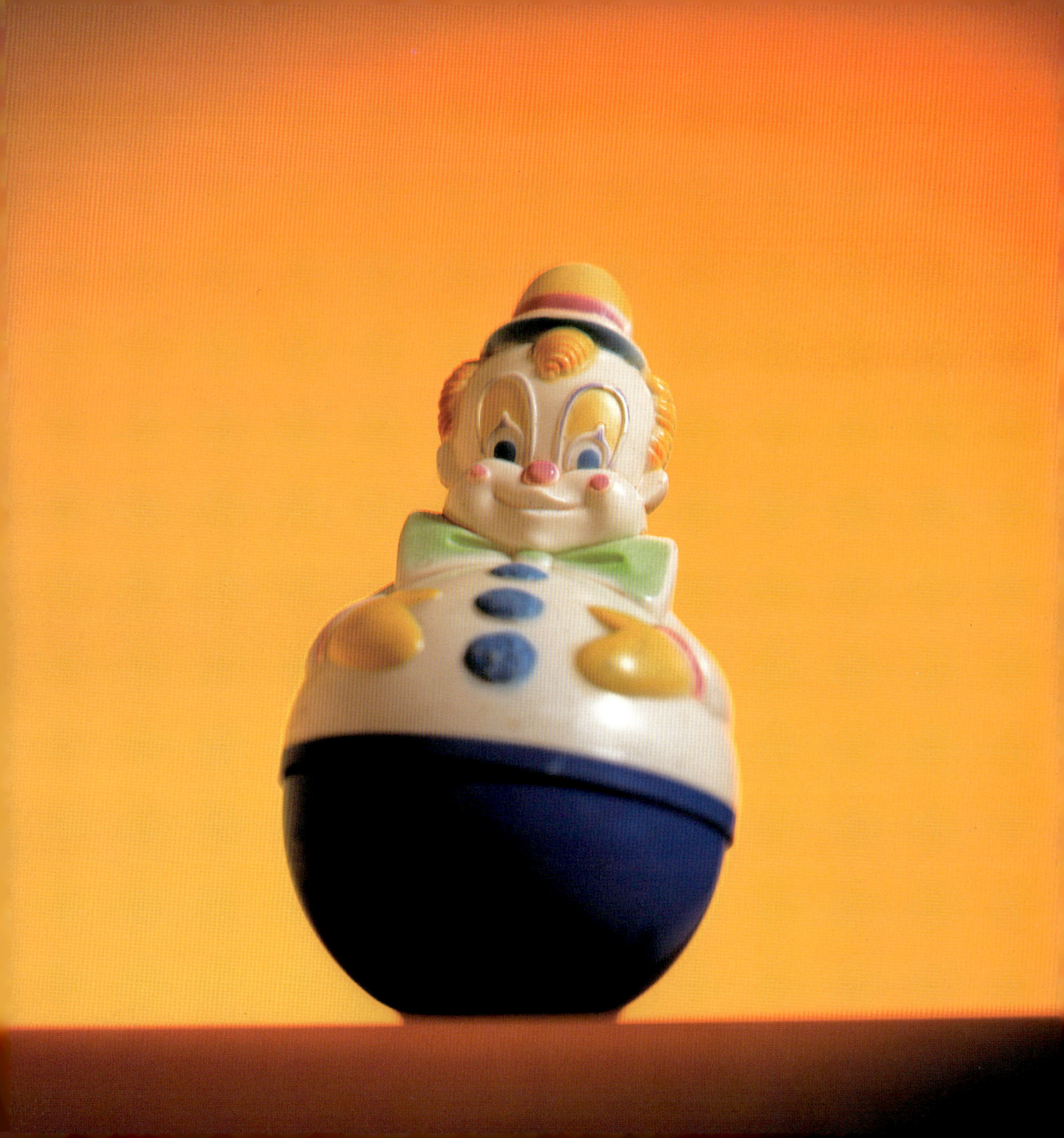

O Homem Ideal.

(Ele é alegre. É divertido. E você sempre pode moldá-lo ao seu jeito.)

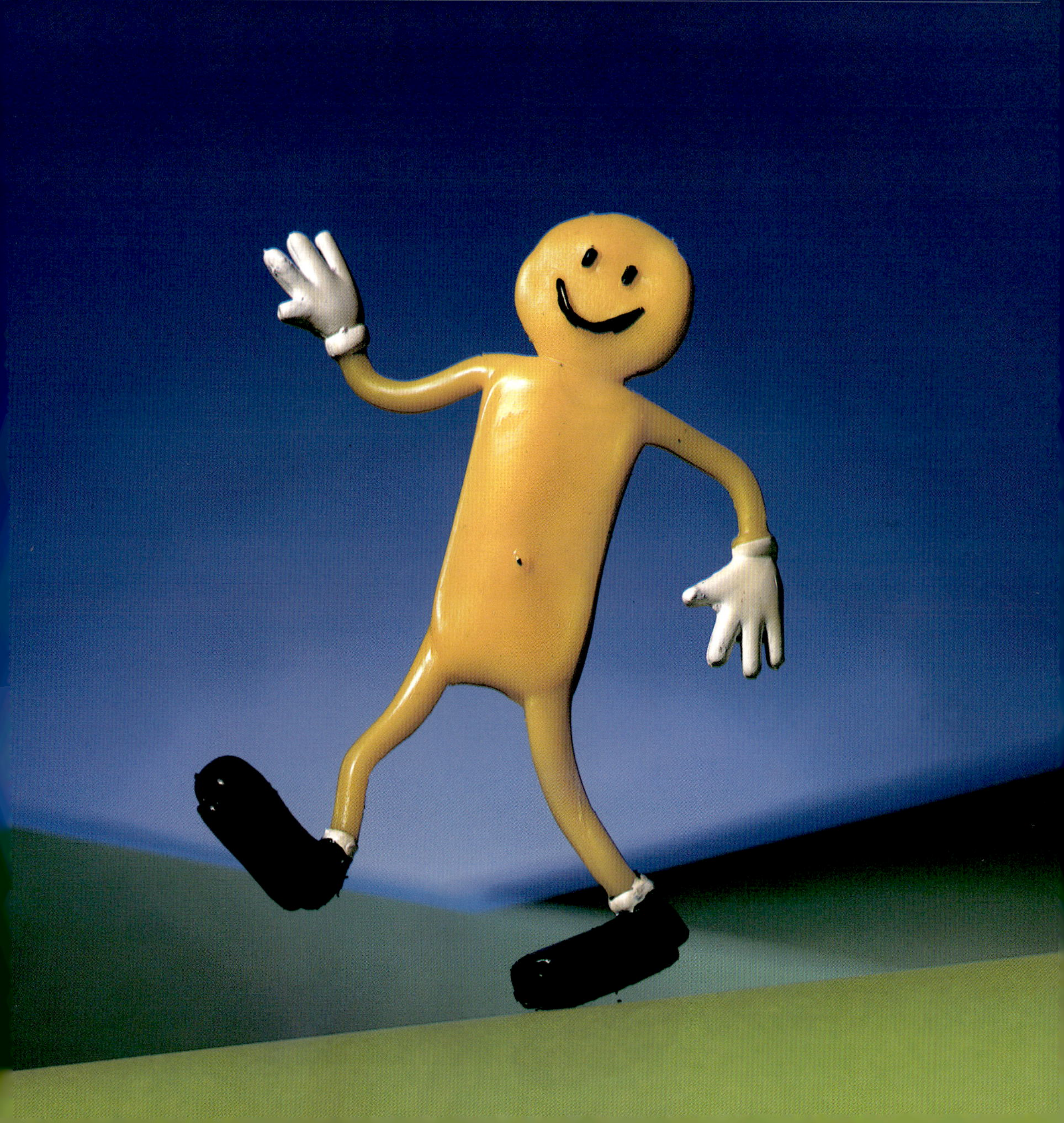

O Homem Ideal.

(Ele fala pouco. Tem um tipo exótico.
E se fizer algo irritante,
você pode furar os olhos dele.)

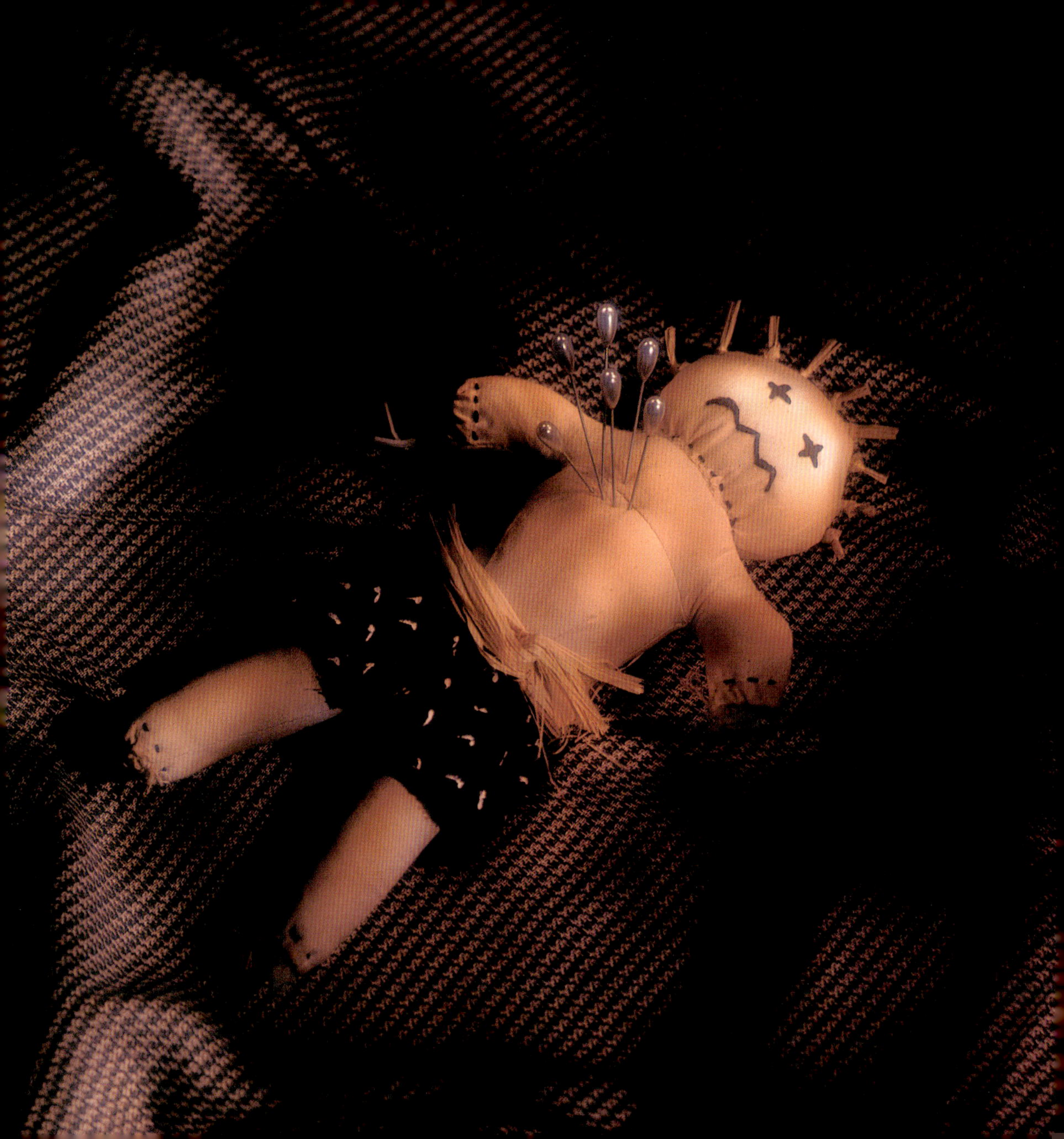

O Homem Ideal.

(Ele é engraçado. É maleável.
E está sempre na palma da sua mão.)

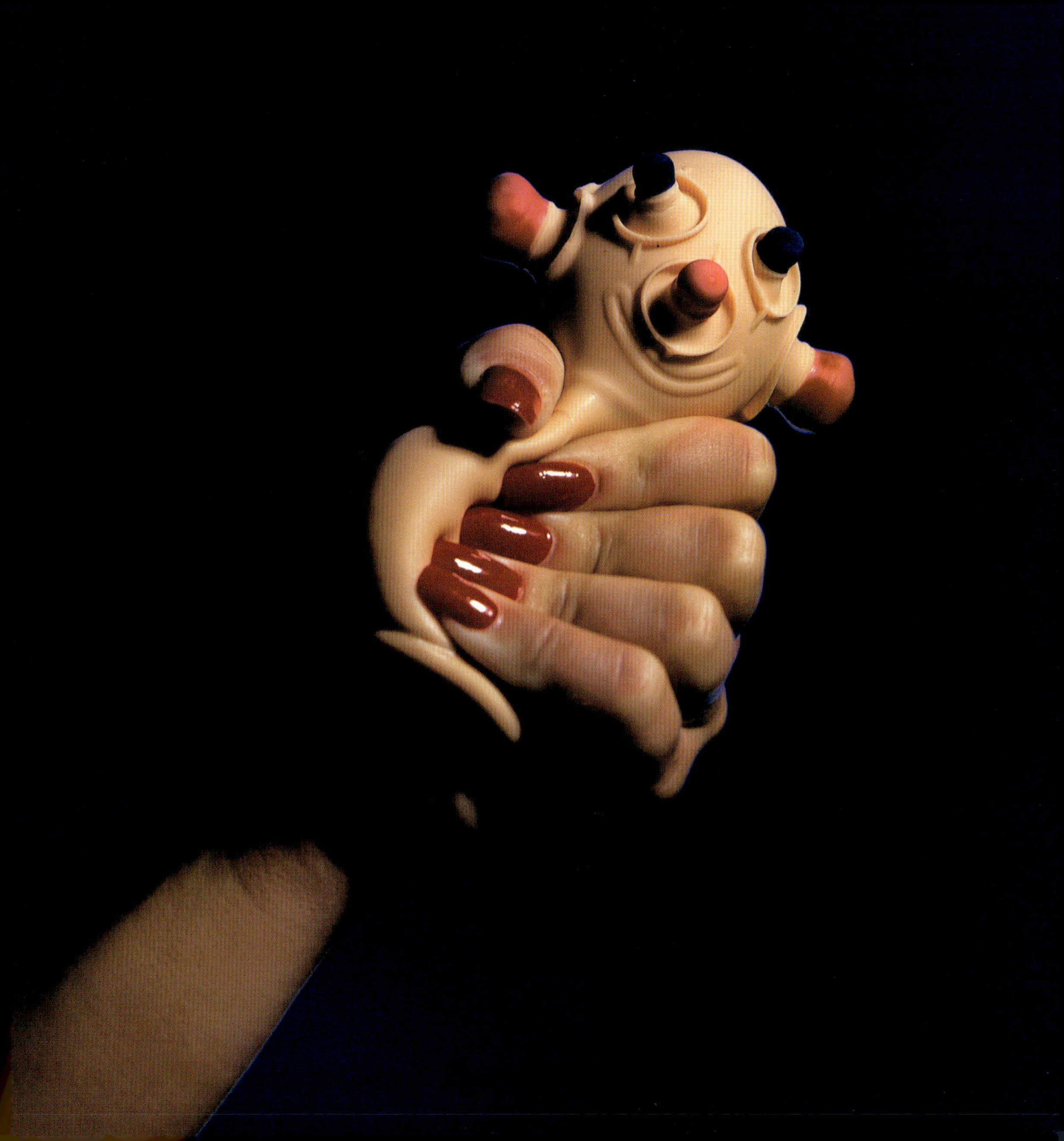

O Homem Ideal.

(Ele é divertido. Tem dotes artísticos. E, ao contrário da maioria dos caras, ele tem mesmo muito ritmo.)

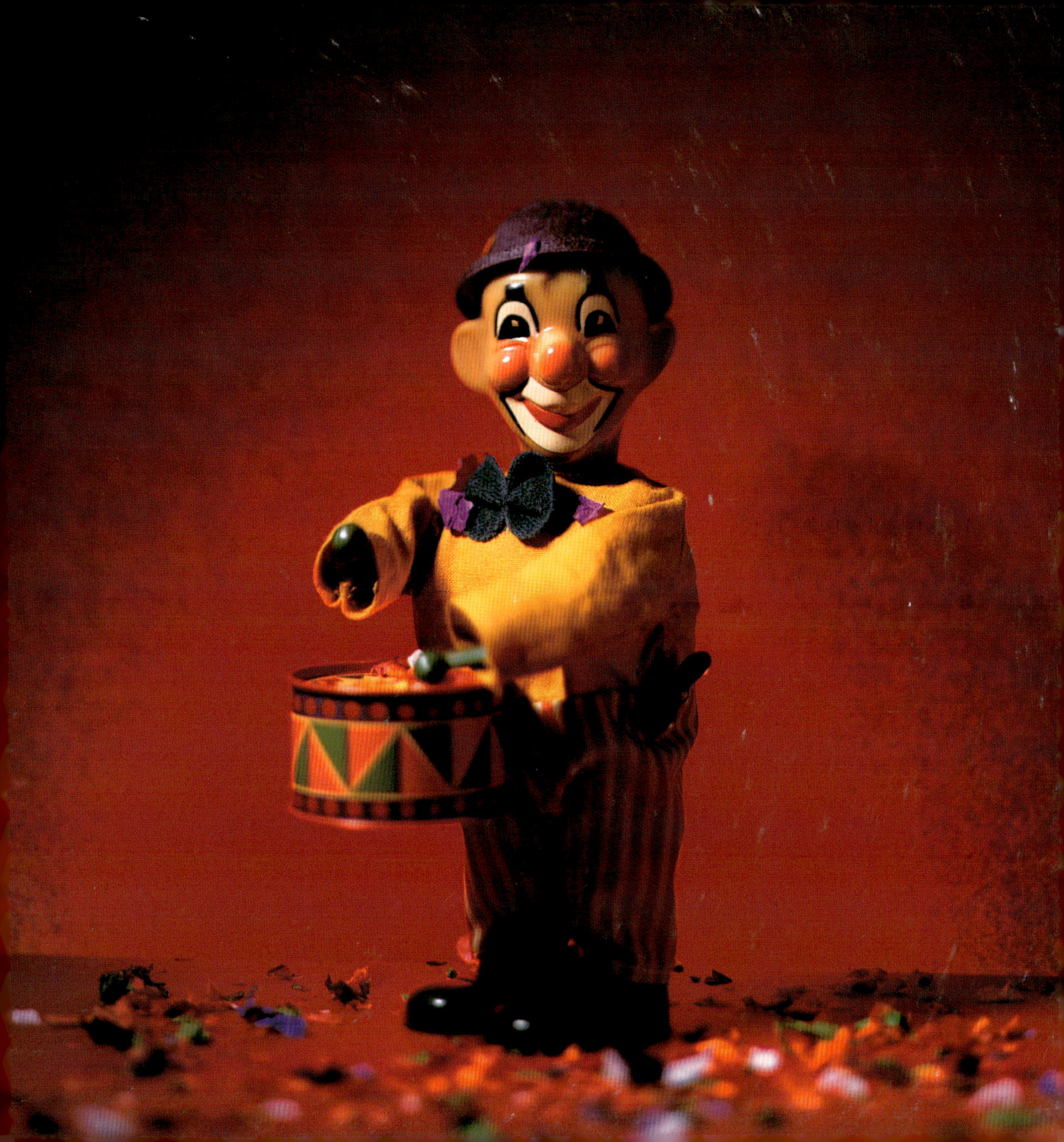

O Homem Ideal.

(Ele é sossegado. É bonitinho. E se derrete todo por você.)

O Homem Ideal.

(Ele é simpático. Tem um coração doce. E perde a cabeça quando você passa.)

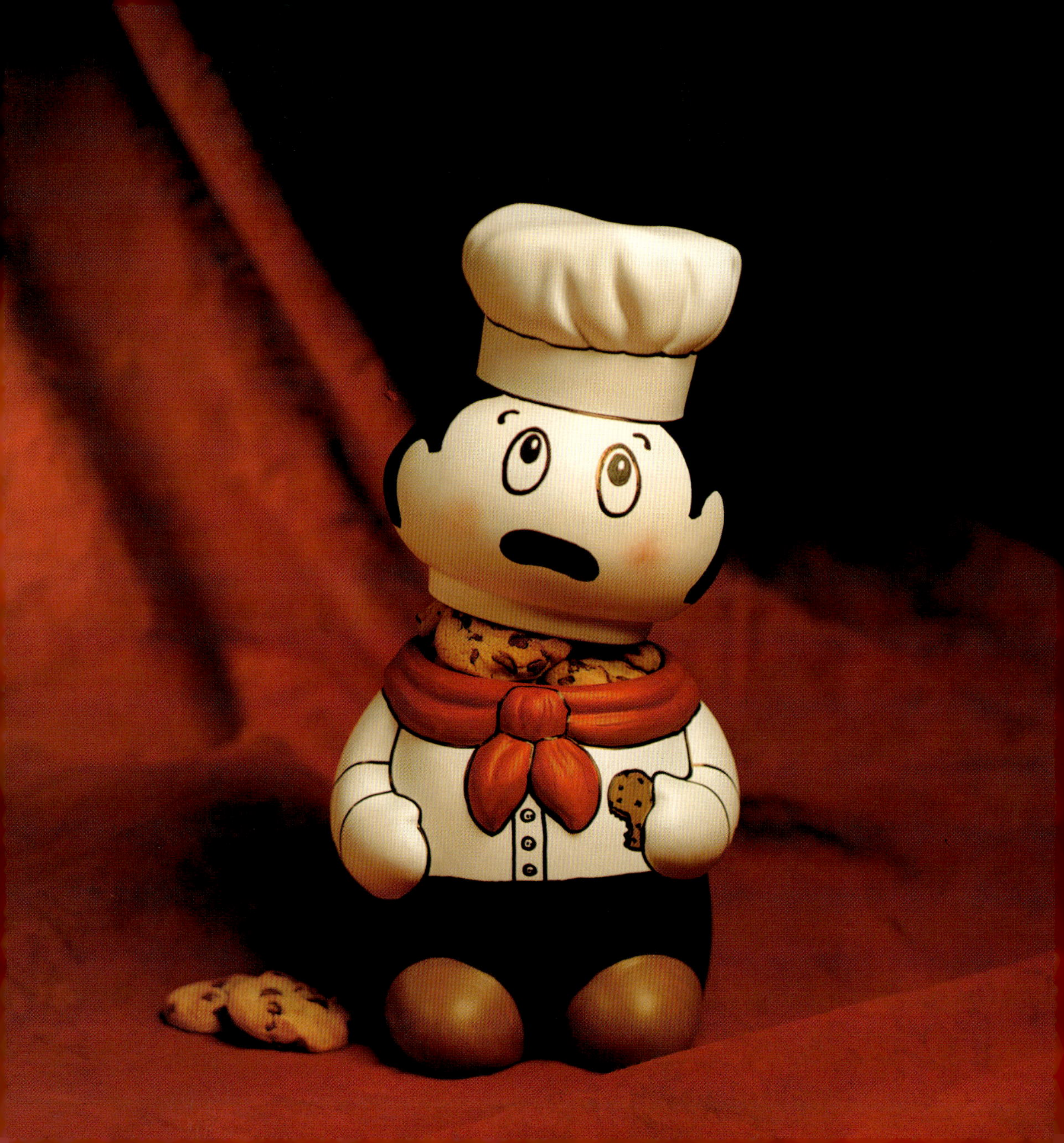

O Homem Ideal.

**(Ele nunca ronca. Nem arrota.
E se começar a fazer isso, você
pode esvaziá-lo e trancá-lo na gaveta.)**

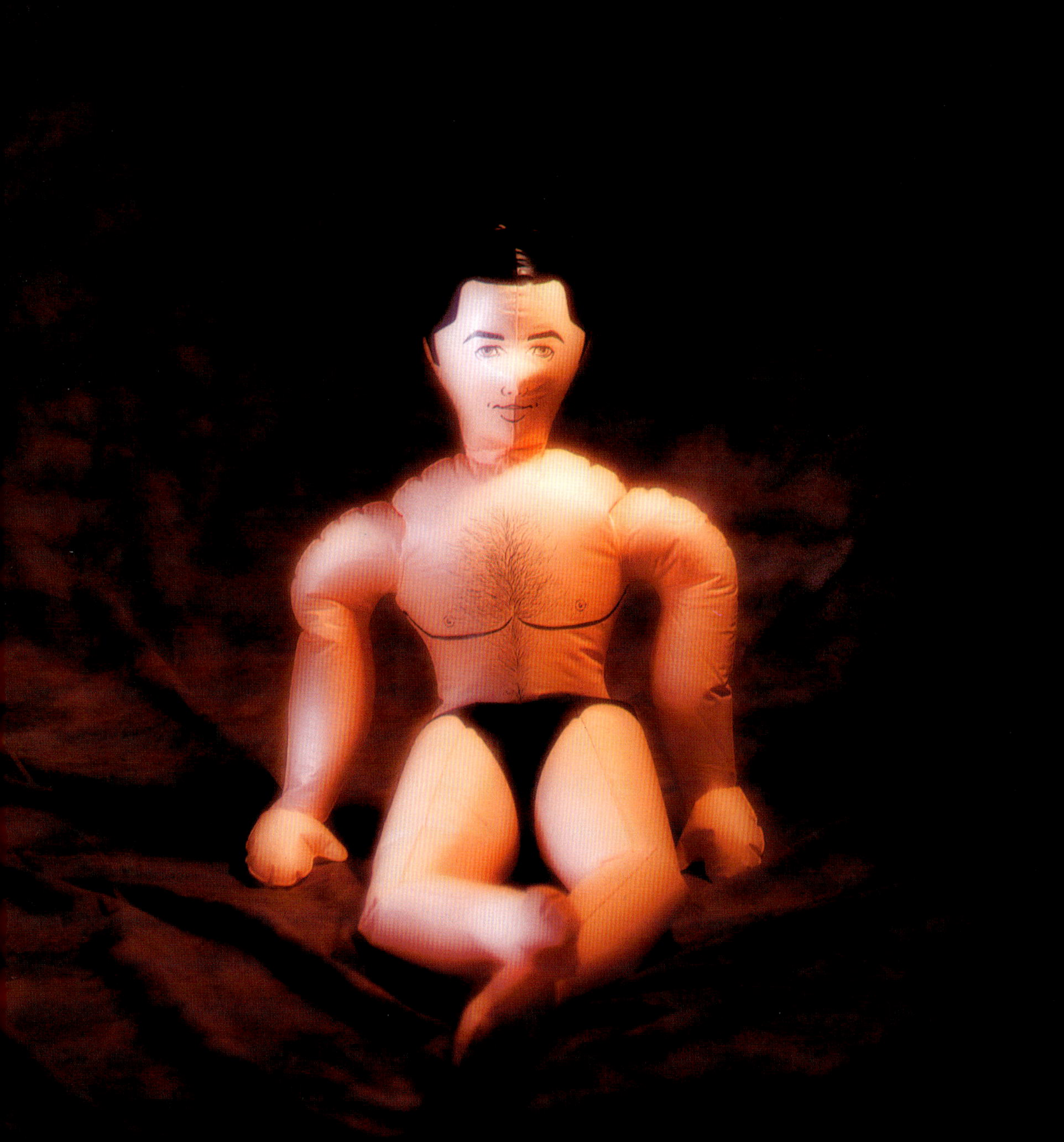

O Homem Ideal.

(Ele é bom. É sábio.
E se você fizer carinho na barriga dele,
vai ter uma sorte tremenda.)

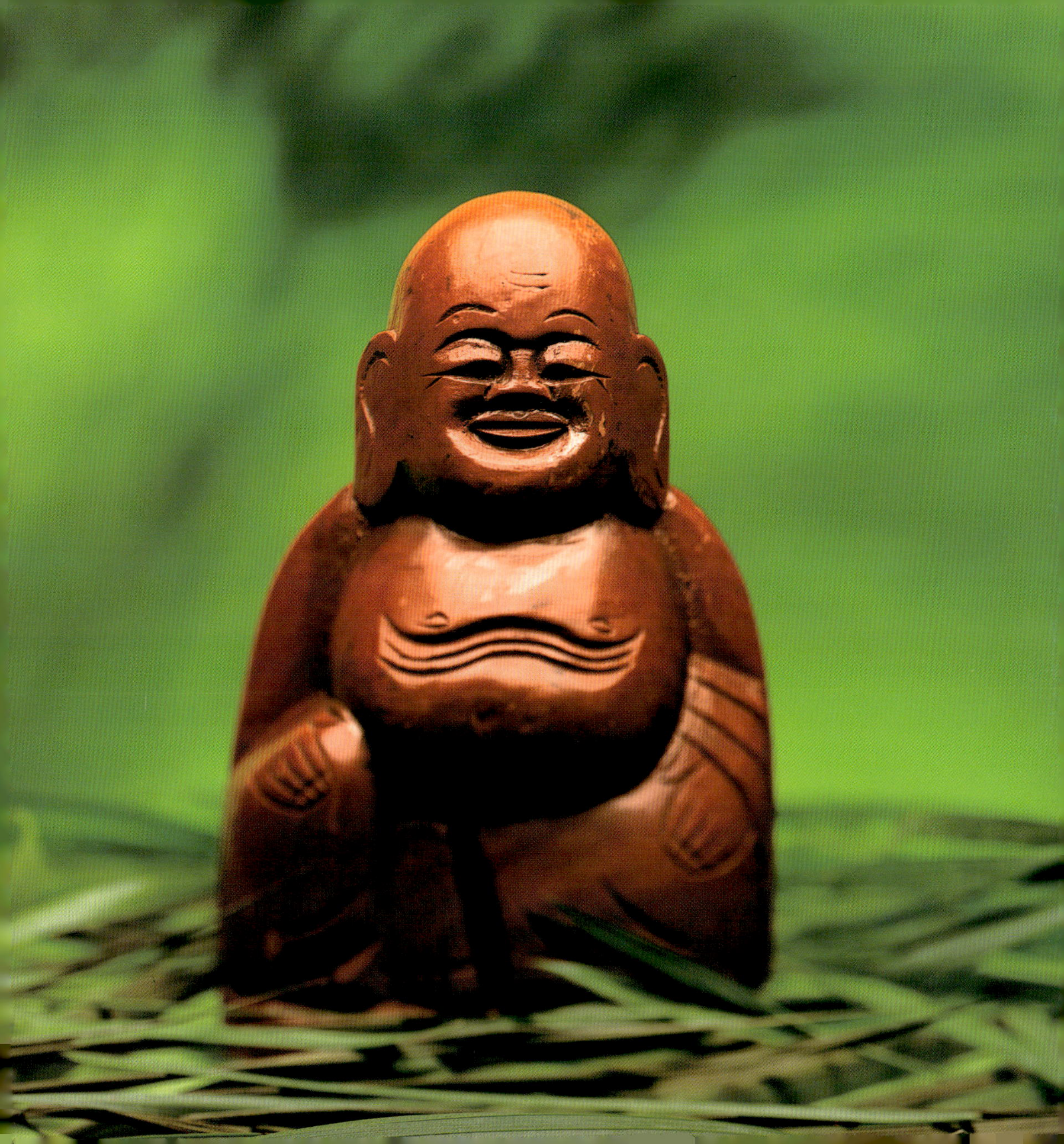

O Homem Ideal.

(Ele é brilhante. É quente. E consegue ficar com o fogo aceso a noite inteira.)

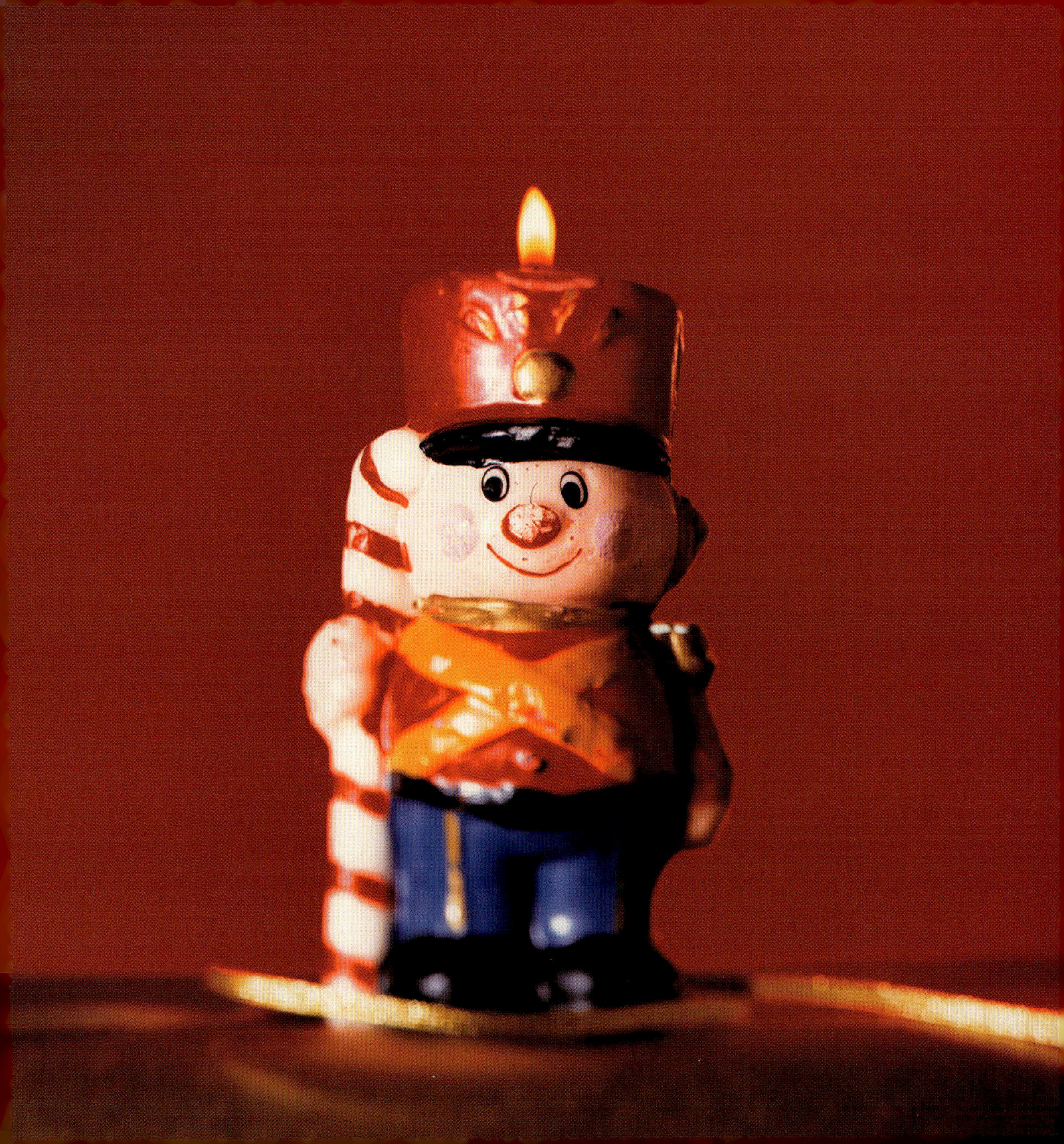

O Homem Ideal.

(Ele cozinha. Lava a louça.
E se você se entediar,
pode guardá-lo no armário.)

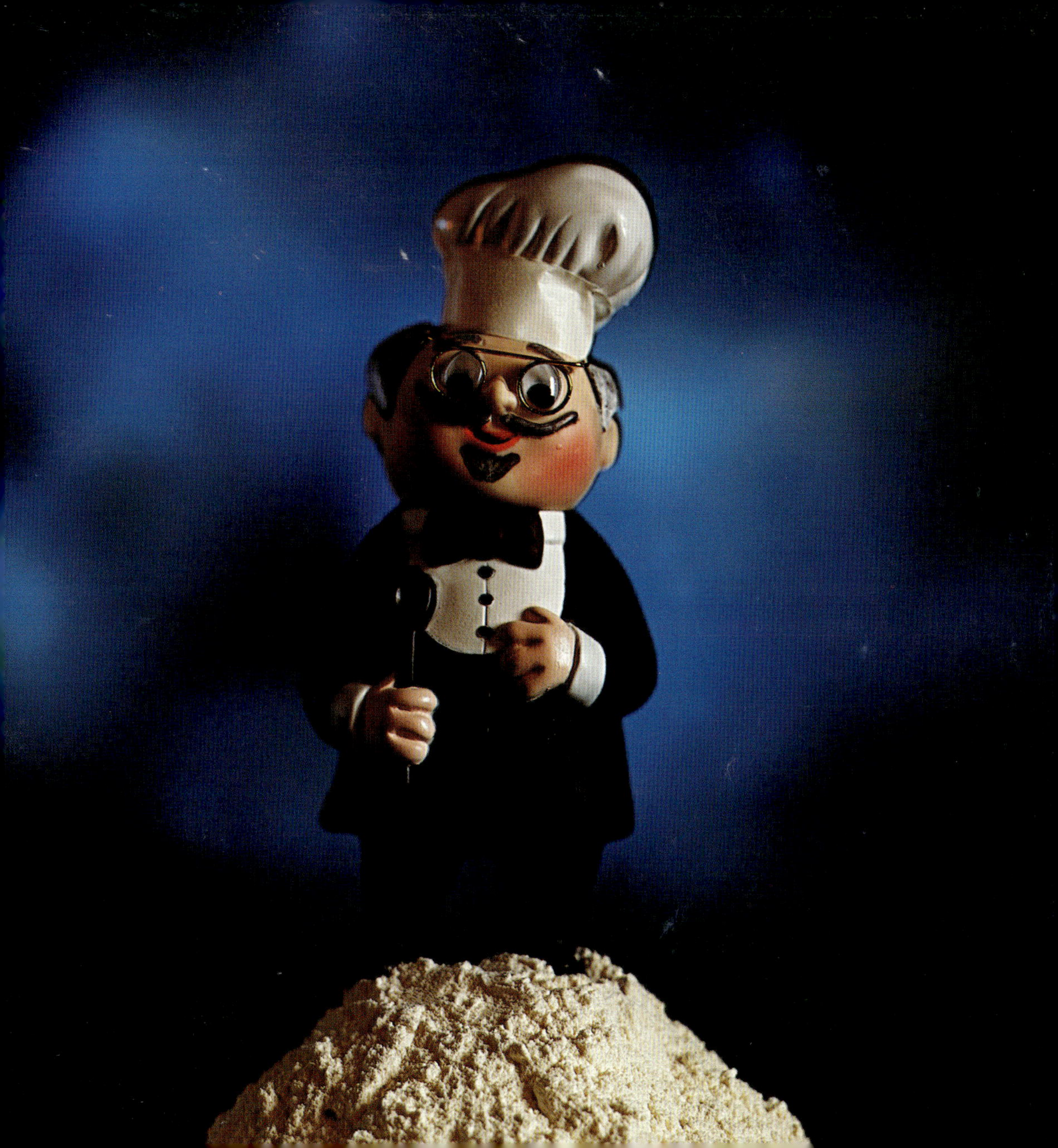

O Homem Ideal.

(Ele é alto. É lindo. E, além de nunca
falar demais, é só arrancar
uma folhinha que ele está pronto para você.)

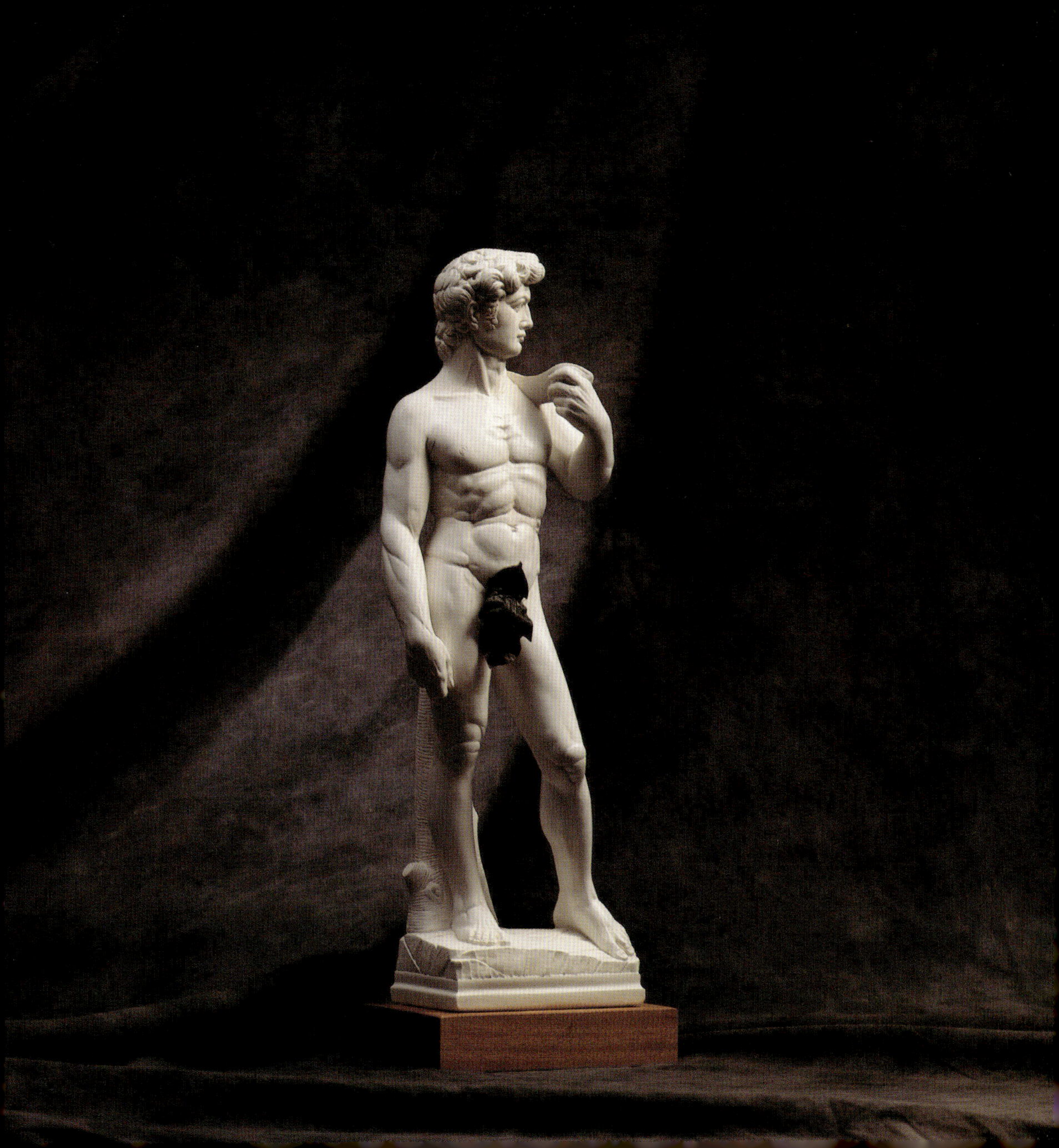

O Homem Ideal.

**(Ele é bonitinho. É flexível.
E é sempre você quem fala pelo casal.)**

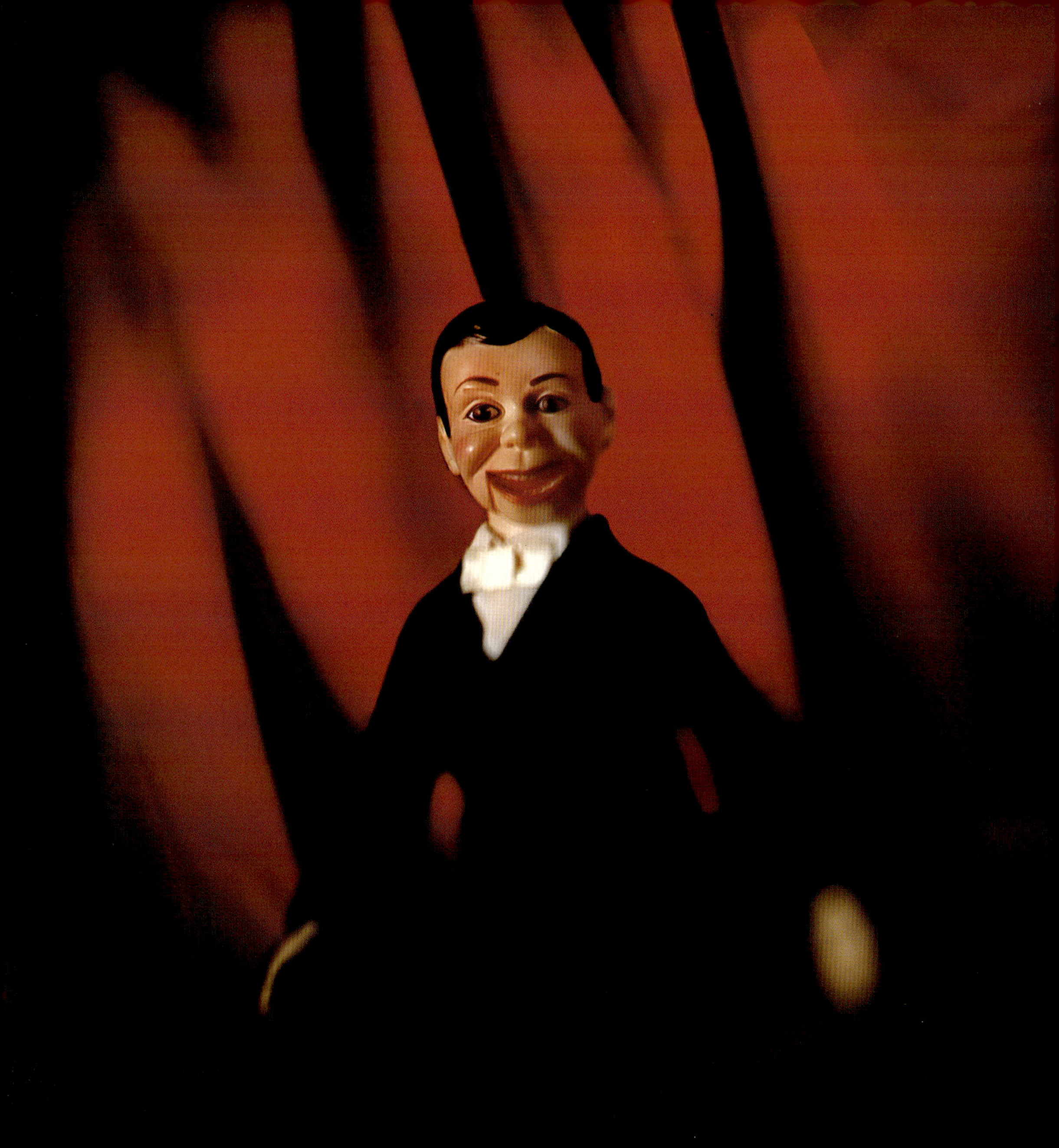

O Homem Ideal.

(Ele é doce. Não tem segredos.
E está sempre pronto
a se abrir para você.)

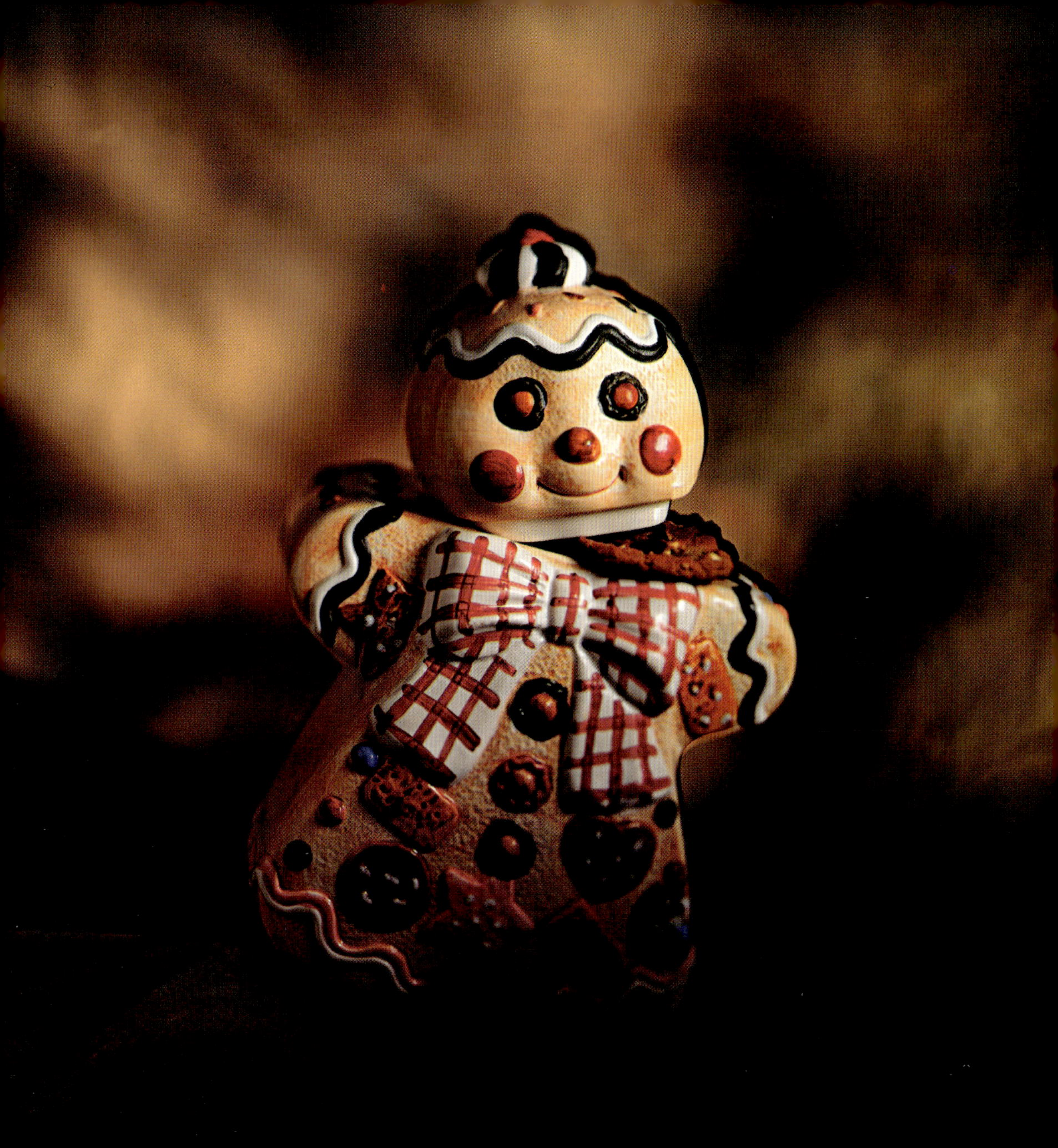

O Homem Ideal.

(Ele é bonitinho. É quieto.
E só abre a boca quando você quer.)

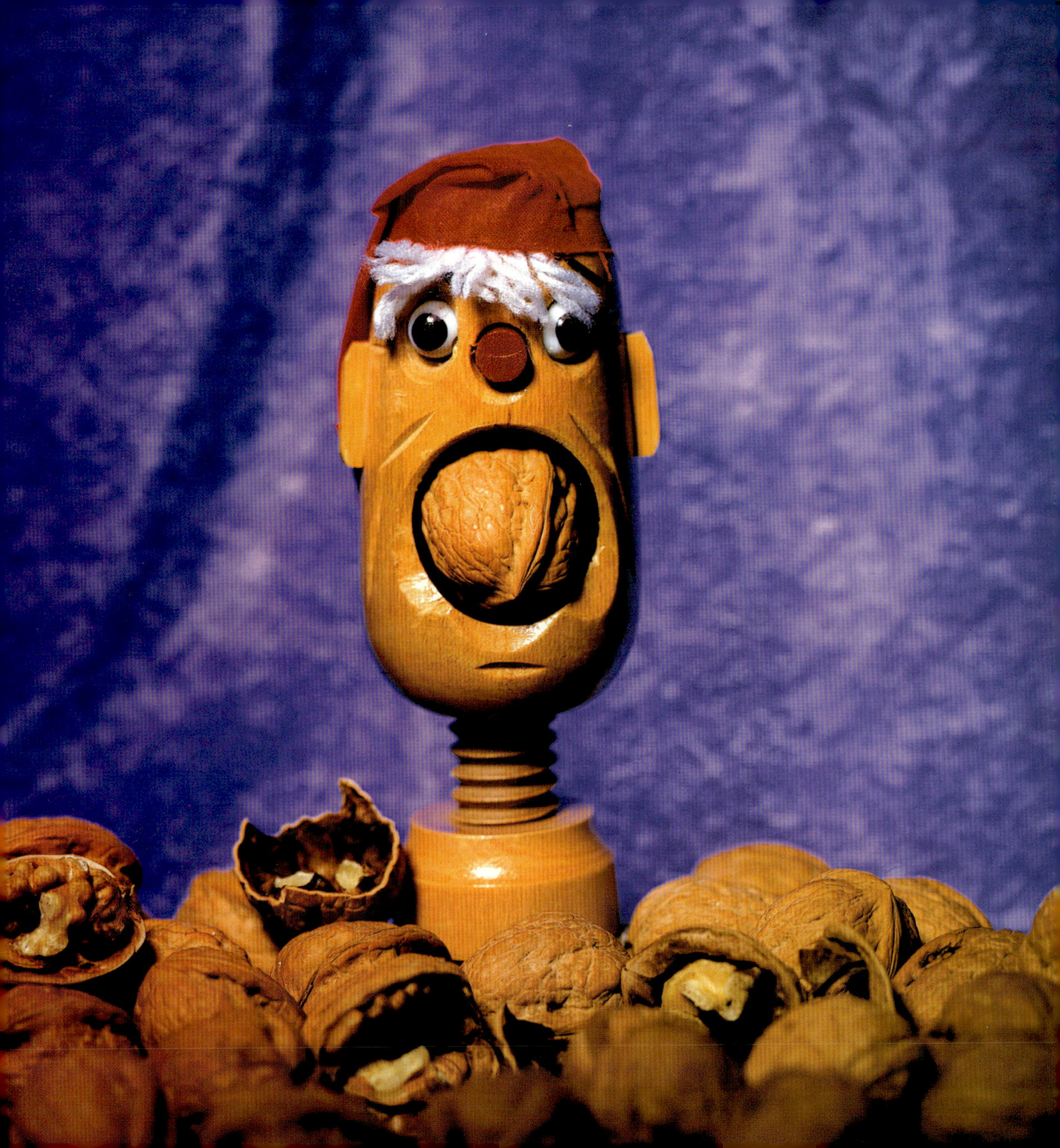

O Homem Ideal.

(Ele é divertido. Está sempre sorrindo. E nunca deixa a tampa da privada levantada.)

Image

Este livro foi composto na tipologia
Mingler Typsy, em corpo 20/22, e impresso
em papel Couchê Image brilho 150g/m² na
gráfica Quebecor World São Paulo.